AF242693

DU COMITÉ CENTRAL

ET DE SON

INFLUENCE DANS LES ÉLECTIONS

LETTRE

AUX

ÉLECTEURS RÉPUBLICAINS

De l'Arrondissement de Marseille

PAR

J.-A. TARDIF

Prix : 25 centimes.

MARSEILLE

IMPRIMERIE SAINT-FERRÉOL, GRAVIÈRE FILS ET Cie

27, Rue Saint-Ferréol, 27

1876

DU COMITÉ CENTRAL

ET DE SON

INFLUENCE DANS LES ÉLECTIONS

LETTRE

AUX

ÉLECTEURS RÉPUBLICAINS

De l'Arrondissement de Marseille

PAR

J.-A. TARDIF

MARSEILLE

IMPRIMERIE SAINT-FERRÉOL, GRAVIÈRE FILS ET Cie

27, Rue Saint-Ferréol, 27

1876

DU COMITÉ CENTRAL

ET

DE SON INFLUENCE

DANS

LES ÉLECTIONS

————◇◆◇————

Après une lutte ardente, passionnée, décisive comme celle dont la journée du 20 février nous a donné l'exemple, il est nécessaire, pour que les leçons de l'expérience soient profitables, qu'un examen sérieux et impartial fasse connaître les agissements qui se sont produits à l'occasion de cette épreuve solennelle.

Il est indispensable surtout de rechercher à quelles influences le corps électoral a obéi et si, pendant la période de préparation, tout a été régulier et correct : en d'autres termes, il s'agit de savoir si l'attitude respective des divers groupes prépondérants ne présage pas pour l'avenir une de ces scissions profondes qui, en éparpillant les forces de la démocratie, amoindrissent le caractère de ses manifestations.

S'il y a eu des fautes commises, s'il y a eu de fausses manœuvres, il faut hardiment le reconnaître et prendre la résolution de les éviter aux prochaines épreuves.

J'entreprends donc de faire, pour les 4 circonscriptions de l'arrondissement de Marseille, une sorte d'examen de conscience du parti républicain, libre à d'autres de contrôler mes appréciations, de réfuter mes données et de rejeter les conséquences que j'en tire.

J'ignore l'accueil que le public fera à mon œuvre ; mais, la considérant comme essentiellement patriotique, je n'hésite pas à la lui soumettre acceptant d'avance son verdict.

Dans un travail de ce genre il est à peu près impossible de ne pas citer des noms propres, toutefois j'ai hâte de déclarer que, si au point de vue des principes, je me montre impitoyable, c'est sans haine comme sans rancune contre les personnes que mes attaques s'élèveront.

Les actes publics de certaines individualités peuvent me paraître justiciables de ma critique sans que pour cela j'aie la moindre intention de porter atte'nte à leur honorabilité.

D'autre part, quand il s'agit de la défense d'un grand parti comme le nôtre, les considérations tirées des égards auxquels les personnes ont droit ne doivent point arrêter l'écrivain qui prend à tâche d'éclairer ses concitoyens.

Je ne me dissimule pas toutes les animosités que peut soulever contre moi la franchise de mes appréciations, mais quand l'intérêt général est en jeu est-ce le cas d'examiner s'il faut ou non ménager les susceptibilités ? Ma résolution est par conséquent bien prise ; je remplirai mon devoir, advienne que pourra !

I

Du Comité central et de son influence

dans les élections.

Personne n'ignore que depuis que le parti républicain de notre département a eu recours au mode de formation de ses comités en appelant tous les électeurs à y participer, il a compté autant de victoires qu'il a eu de luttes à soutenir.

La raison en est simple. Les choix qui sortaient des décisions d'un Comité central ainsi composé, étant l'expression de la pensée générale de la masse, le scrutin public ne pouvait manquer de les sanctionner.

Ces succès réitérés ont excité toutes les convoitises, déchaîné toutes les jalousies impuissantes, mis en mouvement toutes les ambitions déçues.

Aux premiers essais d'une pratique aussi nouvelle dans la préparation d'une élection, les hommes influents par position, qui jusque-là avaient eu la direction du parti, demeurèrent dans une expectative prudente, espérant, sans doute, que la tentative avorterait et que l'on reconnaîtrait bien vite qu'une campagne électorale, entreprise sans le concours de ceux qui se posent en classe dirigeante était impossible.

Cette douce illusion fut de courte durée. Les premiers résultats trompèrent l'attente de ces politiciens à courte vue et donnèrent la mesure d'une puissance qui venait de se révéler par la plus éclatante des manifestations.

A partir de ce moment tout fut employé pour détruire l'organisation ou la faire dévier de la ligne que lui traçait son principe même. Des comités puissants s'élevèrent contre son autorité, on fit entrer dans sa composition des éléments dissolvants, la presse fulmina ses plus véhémentes polémiques contre ses opérations, rien n'y fit; la haute prépondérance qui semblait être la prérogative exclusive de quelques citoyens influents venait de passer entre les mains du peuple, et ce dernier ne paraissait guère disposé à s'en dessaisir.

Il n'entre pas dans ma pensée de faire l'historique complet des avanies et des attaques auxquelles ont été en butte les divers comités qui se sont succédés sous le titre générique de *Comité central*. J'aurai du reste peut-être à y revenir pour expliquer le rôle que les circonstances m'ont fait remplir à diverses reprises dans cette organisation.

Pour le moment, il me suffit de dire que la plupart des hommes qui, au début, se sont montrés réfractaires à son fonctionnement, qui l'ont combattue par la plume ou par leurs actes, s'en déclarent aujourd'hui les chauds partisans et veulent faire tourner à leur profit son influence

La campagne poursuivie en vue de l'élection du 20 février nous en fournit une preuve des plus convaincantes. C'est ce que nous allons examiner; il ne tiendra pas à moi que toutes les manigances, les brigues cachées, les manœuvres souterraines ne soient dévoilées.

Trève aux équivoques ! il faut que le public soit édifié sur le compte des prétendus serviteu s du Comité central, dont la tactique consiste à faire croire qu'ils s'inclinent devant la volonté générale, alors que par un artifice habile, ils ont réussi à faire produire par d'aut es leur propre volonté.

Ce sont là les pires ennemis de l'institution, et ils sont d'autant plus dang reux qu'il est difficile, pour ne pas dire impossible, de donner l'éveil sur leurs stratagèmes, marqués sous l'apparence du dévouement. On combat facilement contre des adversaires qui se présentent en face bannières déployées ; mais ceux qui viennent opérer dans nos propres rangs sont pour ainsi dire hors d'atteinte et échappent presque toujours à nos justes récriminations.

Il suit de là qu'il y a deux catégories d'adhérents au Comité central : Ceux qui le servent avec un dévouement absolu, lui sacrifiant au besoin leurs préférences personnelles en vue du succès, et ceux qui veulent s'en servir, au risque de lui faire subir des échecs pour faire prévaloir leurs idées particulières.

Ces divergences qui n'étaient qu'à l'état latent se sont accentuées d'une façon plus intense aux dernières épreuves ; les tacticiens de l'habileté ont montré le bout de l'oreille.

Pour tout observateur attentif il est patent qu'une intrigue sourde, ourdie de longue main, étendait son réseau sur les quatre circonscriptions de l'arrondissement de Marseille.

Il ne s'agissait de rien moins que d'obtenir des comités circonscriptoriaux des décisions contraires à la pensée générale des électeurs; en d'autres termes, il fallait faire prononcer par l'institution du Comité central la condamnation de son propre principe qui est d'être la répercussion fidèle de l'idée dominante.

La tâche présentait quelques difficultés; il manquait pour faire évoluer les esprits dans un sens aussi contraire en l'absence de principe, une idée, un mot sonore qui en tînt lieu.

Une circonstance toute fortuite venait fournir le prétexte plausible et donner le mot de la situation: M. Alfred Naquet avait jeté son cri d'alarme et recrutait des adhérents.

Le drapeau de l'intransigeance était arboré, et sous prétexte d'appeler les citoyens à la défense d'un principe, le promoteur de ce mouvement invitait à épouser ses querelles personnelles. Ce député envieux jalousait un de ses collègues et il aurait fallu, pour lui donner satisfaction, que la France entière prît fait et cause pour lui.

Alors on vit un spectacle curieux. Des hommes que des dissentiments profonds séparaient, d'autres appartenant aux nuances les plus opposées, des modérâtres de la veille devenus les ultra-radicaux pour la circonstance; en un mot, tous les ardillons de la popularité s'unirent dans un but commun et formèrent, dans une étrange promiscuité, une alliance offentive et défensive pour s'attribuer la direction du mouvement politique dans notre ville.

A partir de ce moment, le mot d'ordre fut: Guerre à Gambetta! au rancart tous nos députés en exercice!

Ici se place naturellement un petit épisode qui nous semble de nature à jeter une certaine clarté dans ce débat:

Au début de sa campagne intransigeante, M. Naquet m'honora d'une visite, et voici à peu près la conversation qui eut lieu entre nous.

M. Naquet. — Notre but est de former un groupe distinct de l'Union républicaine dont les membres seront comme des pionniers se tenant à l'avant garde et prenant l'initiative des propositions que comporte le programme du parti républicain radical.

L'Union républicaine, par la trop grande prépondérance qu'y a prise M. Gambetta, ne donne plus la note des aspirations légitimes du parti avancé. Il y a trop de concessions faites et de transactions consenties; il faut changer de politique.

Il faut éviter surout que M. Gambetta fasse plébiciter sur son nom.

Moi. — J'approuve l'idée d'un groupe d'initiave, mais pour cela est-il nécessaire de faire retentir un cri de guerre?

Le groupement, il me semble, se fera tout seul sans qu'il soit besoin de jeter un élément de division dans la lutte. Je m'explique: à mon avis, les élections dans les grands centres doivent être radicales, cela suffit pour faire surgir dans l'Assemblée future le groupe de pionniers qu'une certaine affinité réunira.

Quant aux transactions que vous reprochez à M. Gambetta, mais vous les avez votées vous-même, et je vous avoue, pour ma part, que je n'ose guère les condamner, puisqu'elles ont eu pour résultat un fait considérable, la proclamation définitive de la République.

M. Naquet. — J'ai voté, en effet, les lois constitutionnelles, subissant ainsi l'entraînement général dû à l'influence de M. Gambetta, mais rien ne prouve que sans les concesions faites, la République n'eût pas été proclamée. Puisqu'elle était dans l'ordre naturel des choses, fatalement elle devait sortir de la situation.

Maintenant il ne s'agit plus de cela, il est urgent d'affirmer une autre politique et d'empêcher un plébiciste sur le nom de M. Gambetta; c'est pourquoi j'ai l'intention de poser ma candidature dans la 1re circonscription de Marseille où la sienne doit être présentée.

Moi, — A ce compte c'est une lutte personnelle que vous engagez. Supposons un instant que les comités, après discussion, présentent votre candidature dans une circonscription et celle de M. Gambetta dans une autre, vous soumettriez-vous à ces décisions simultanées prises par deux comités différents.

M. Naquet. — Notre but ne serait pas atteint,

Il faut que la politique de M. Gambetta et celle que je défends avec quelques amis soient soumises à la même épreuve pour être jugées par le suffrage universel. Ainsi, non-seulement je me propose de lutter contre lui à Marseille, mais encore dans toutes les circonscriptions où il se présentera.

Moi. — Je le répète, c'est une guerre personnelle dans laquelle les principes n'ont que faire: Le mot d'intrangigeance, qui a été prononcé avec quelque fracas et qui a eu un certain retentissement, n'a, à mon sens, aucune signification.

Si, au nom des principes, je suis toujours disposé à prêter mon faible concours à ceux qui marchent dans la voie la plus avancée. Je suis peu enclin à me mêler des questions personnelles.

Toutefois, vous me permettrez une dernière observation. Il me semble que vous choisissez mal votre temps. On attribue généralement à la politique de M. Gambetta le résultat inopiné, inouï de la reconnaissance de la République par une assemblée monarchique ; pour peu que les élections sénatoriales dans l'Assemblée et les départements soient raisonnables, il vous sera bien difficile de faire déclarer par le suffrage universel que votre politique est meilleure.

Mais, admettons un instant que votre tentative réussira, que vous ayez partout l'avantage sur M. Gambetta, votre intention est donc de le rejeter hors du Parlement. Prenez garde ! Quand on veut écarter des hommes de cette importance il faut des motifs sérieux, il y aurait presque sous vos démarches une accusation de trahison, que je ne crois pas exister dans votre pensée.

, M. Naquet. — Je réponds tout d'abord à votre dernière observation. Il est bien loin, sans doute, de ma pensée, de porter une accusation contre M. Gambet a, je ne répét rai pas un propos ridicule lui attribuant des opinions orléanistes, je tiens, au contraire, M. Gambetta pour un excellent républicain. Toute notre divergence consiste dans la nuance, et c'est cette nuance que je voudrais soumettre à la décision du suffrage universel.

Je ne veux pas non plus lui refuser l'entrée de la nouvelle Assemblée, je vais plus loin, si par impossible il n'était présenté dans aucune circonscription et que je n'en eusse qu'une à ma disposition, je m'empresserai de lui céder ma place.

Moi — Alors, je ne vous comprends plus.

M. Naquet. — Ne vous pressez pas, attendez la fin de mon raisonnement. Vous persistez à croire qu'il y a rivalité de personnes et non de question de principes, c'est là votre erreur.

Il ne s'agit pas de savoir de M. Gambetta ou de M. Naquet qui sortira de l'urne, il s'agit de savoir quelle est la politique qui recevra l'approbation de la majorité.

Il n'y a là qu'une question de principe.

Quand aux difficultés que vous m'avez signalées, je ne me les dissimule pas, mais je crois qu'il convient de marcher jusqu'au bout.

Ici à Marseille, surtout, le terrain politique me paraît très-favorable pour tenter l'expérience, et si j'en crois les renseignements que me donnent ceux qui s'occupent le plus activement d'élections le succès n'est plus douteux.

Moi. — Je crois que vous vous bercez d'une décevante illusion. Les personnes que vous avez consultées appartiennent au même milieu, par conséquent elles vous ont parlé dans le même sens ; elles peuvent très-bien, de bonne foi, supposer que tout le monde partage leurs vues et leurs idées, mais cela ne prouve pas que ce soit la réalité. On est généralement disposé à se poser en interprète de l'opinion publique sans chercher à étayer son raisonnement sur une observation exacte de la tendance des esprits.

J'ai une opinion toute contraire à celle que vous exprimez et, sans me montrer trop prétentieux, je puis dire que l'expérience que j'ai acquise en la matière me permet de mieux juger la situation que vous ne pouvez le faire, vous ou vos amis. Je crains pour vous que le public ne voie, comme moi, dans votre propagande qu'une question personnelle. Ah ! si vous vous présentiez avec un principe net, défini, portant en lui l'empreinte d'un progrès certain, les choses changeraient de face, non-seulement vous trouveriez des collaborateurs zélés, mais encore

vous auriez pour vous une population toute prête à consacrer
par un vote l'affirmation de ce principe.

Mais, je le répète, en l'absence d'un principe précis, le corps
électoral ne vous appuiera pas, vous aurez réussi tout au plus
à jeter un élément de division dans notre parti.

M. Naquet. — J'ai cependant causé avec un grand nombre
de citoyens des diverses classes de la société et je vous affirme
que, de part et d'autre, je suis fortement encouragé. Du reste,
il n'y a aucun danger à ce que l'expérience soit tentée à Marseille, la majorité républicaine est trop puissante dans notre
ville pour craindre de favoriser, par une diversion, la réussite
d'un candidat de la réaction. Au surplus, il y aurait toujours
la ressource d'un ralliement an second tour de scrutin.

Mais je maintiens que quand une idée nouvelle a surgi, il est
nécessaire de la produire au grand jour et d'interroger, quand
l'occasion s'en présente, la conscience publique pour s'assurer
du crédit qu'elle rencontre; or, il ne peut pas se présenter
d'occasion plus favorable que celle des grandes assises électorales qui vont s'ouvrir prochainement.

Maintenant il est clair, d'après les objections que vous avez
présentées, que vous ne serez pas des nôtres.

Moi. — Ou j'ai l'esprit bien obtus ou l'idée dont vous faites
ostentation est encore à trouver. Dès lors quelle part voulez-
vous que je prenne à une équipée que je considère comme fu-
neste à notre parti? La situation n'est pas déjà tant assurée que
nous commencions par tirer sur nos propres troupes.

J'ai par habitude, bien que peut-être on me fasse une réputation contraire, d'agir avec réflexion; quand je me dévoue à
la défense d'une cause, c'est que je suis convaincu de son
utilité.

Quand votre cas aura passé par le creuset de la critique,
quand il aura été mûrement discuté, quand on aura fait valoir
les avantages que la démocratie peut en tirer, peut-être alors
finirai-je par découvrir une idée transcendatale là où je n'ai
vu jusqu'à présent qu'une compétition jalouse; mais jusqu'à
ce moment souffrez que je me tienne sur la réserve.

M. Naquet. — Vous pouvez être persuadé que la question
sera développée dans la presse et recevra toute la publicité que
comporte son importance, de façon à ce que tout le monde soit
édifié.

Moi. — Tant mieux. Je vous déclare que je n'ai pas de parti
pris; si vous parvenez à me persuader que votre politique est
la plus rationnelle, je reviendrai sans hésitation sur mon opinion première.

Il n'en coûte rien à mon amour-propre d'avouer une erreur,
mais il faut bien qu'elle soit bien constatée.

Nous nous séparâmes sur ces dernières paroles.

Une réflexion se présenta à mon esprit : Il est permis de se
demander ce qui serait advenu si, envisageant les choses autre-

ment que je ne l'ai fait, je m'étais jeté dans la mêlée et, dans ma conviction d'agir pour le bien de la cause, si j'étais venu augmenter le trouble de la situation par mon intervention active. N'est-il pas à présumer que le désarroi aurait acquis plus de gravité et qui sait si nos deux anciens députés, Rouvier et Bouchet, ne seraient pas restés sur le carreau ?

Si peu influente qu'elle fût, mon intervention pouvait peser dans la balance et donner un aspect tout autre à la campagne qui se poursuivait.

Si on était généralement surpris de voir des citoyens ayant fait jusqu'alors profession d'idées modérées se lancer à corps perdu dans le mouvement intransigeant et préconiser un radicalisme exagéré, on aurait trouvé tout naturel que ceux dont le radicalisme est avéré prissent part à une propagande qui s'organisait sous les apparences de l'opinion la plus avancée.

La méfiance qui s'est emparée des esprits, à cause de l'ingérance que je viens de signaler, eût pu faire place à un sentiment plus favorable au mouvement.

Personnellement j'y eusse peut-être trouvé mon compte — on verra plus loin, pourquoi et comment — mais quand il s'agit de l'intérêt général, quand la haute réputation de sagesse politique qu'a acquise notre cité est en jeu, la perspective d'un avantage personnel est de peu de poids et je n'hésite pas à faire abnégation du profit que je pourrais retirer d'une situation équivoque.

Je dois avouer que je demeurai quelque temps en expectative, et, ainsi que je l'avais promis à M. Alfred Naquet, j'observai avec toute l'attention dont je suis capable, les phases du mouvement qu'il avait provoqué ; mais à mesure que j'avançais dans l'examen de la question posée, mon appréciation première se raffermissait dans mon esprit.

Cependant à un moment donné j'eus quelques doutes, je craignis que ma perspicacité ne se trouvât en défaut. A la vue de l'espèce d'engouement qui s'était emparé d'un grand nombre et qui menaçait de gagner la masse, je me demandai, avec anxiété, si j'avais perdu le sens réel des choses et si, dans la marche ascensionnelle des idées vers le progrès, je m'étais attardé.

Les articles des journaux ne m'apprenaient absolument rien. De longues dissertations dans lesquelles toutes les ressources de la rhétorique étaient déployées, des arguties en place d'arguments, des polémiques interminables dont les questions personnelles faisaient tous les frais, telle était la pâture que m'offraient les feuilles qui s'occupaient de la question.

Dans le public les commentaires, les conversations, les entretiens, les dialogues s'entrecroisaient, mais la lumière ne se faisait pas. Comme toujours il y avait des approbateurs zélés et des improbateurs ardents.

Cependant il fallait en avoir le cœur net et chercher ailleurs le mot de l'énigme.

Un mouvement qui passionnait tant d'esprits méritait qu'on s'y arrêtât.

Il me prit fantaisie de jeter un regard en arrière, de feuilleter l'*Officiel* et de contrôler l'attitude du chef de l'intransigeance pendant la dernière législature, là probablement je trouverais le secret de cette haute politique impénétrable à mon entendement.

Quel ne fut pas mon étonnement quand, dans ces recherches rétrospectives, je trouvai assez de motifs pour le faire éliminer d'une liste de candidats par les électeurs marseillais s'il avait appartenu à la députation de notre département.

Son abstention dans le vote sur la cession de l'Alsace et la Lorraine n'eût pas trouvé grâce devant eux. Sur des questions de cette importance on n'admet pas ici qu'on n'ait pas un opinion formée.

Sa proposition de recourir à un plébiscite pour sortir du provisoire, proposition appuyée et soutenue par Raoul Duval, ne lui eût pas trouvé non plus beaucoup d'approbateurs dans notre population essentiellement anti-bonapartiste.

Cette façon d'engager la partie et de faire son va-tout, quand on soupçonne que les cartes sont biseautées, offrait trop de chances à la faction des décembristes.

On aurait également remarqué le mot malheureux qui lui est échappé dans une improvisation lorsqu'il a défini, devant l'ancienne assemblée, la République le : provisoire perpétuel. A ce propos, je dois dire cependant qu'il ne mérite aucun reproche, la droite a feint de ne pas comprendre le sens que l'orateur donnait à ses paroles, il ne faudrait pas l'imiter. On peut constater seulement que c'était une maladresse.

Mais en dehors des actes parlementaires il y a des fait qui n'indiquent pas chez Naquet cette hauteur de vue qui caractérise les profonds politiques. J'en citerai un dont je puis garantir l'authenticité.

Il y a environ deux ans, quand M. Naquet, de passage à Marseille, se trouvait une après-midi dans un cercle qui a été fermé depuis. Là en compagnie de 7 à 8 personnes, il causait sur la situation politique. Une question préoccupait tous les esprits, c'était la dissolution ; l'un des assistants lui demande son opinion à ce sujet. La réponse ne se fit pas attendre, avec cette merveilleuse facilité qui lui est propre, il développa un système qui devait, s'il était mis en pratique, résoudre la difficulté. Voici en quoi consistait ce système : « Les députés de la gauche s'engageraient à soutenir et à appuyer de leur influence auprès des électeurs et des comités tous les membres de l'assemblée qui signeraient et voteraient la proposition de dissolution. »

M. Naquet a un vrai talent d'exposition, il sait si bien enchevêtrer des paradoxes, des sophismes, des idées justes, des aperçus logiques, le tout habilement entremêlé de saillies spirituelles, de phrases sonores et à effet, qu'on est presque tou-jours tenté de dire: c'est cela. Si cet homme n'est pas un grand orateur, dans tous les cas c'est un fin causeur.

J'étais surpris de ce que personne ne soulevait d'objection; au contraire, on trouvait le moyen ingénieux.

Quoique dernier arrivé dans ce petit cénacle improvisé, je crus devoir hasarder une observation.

- L'expédient que vous proposez, M. Naquet, « car je ne le considère que comme un expédient » est impraticable et im-politique.

— Et comment cela?

— Il est impolitique par ce que s'il pouvait être admis par les groupes de droite, la nouvelle Assemblée ressemblerait à celle-ci.

Il est impraticable parce qu'il n'est pas honnête. Quand on prend des engagements il faut être disposé à les tenir. Or, êtes-vous certain que les électeurs sanctionneraient votre compromis?

— Il est évident, répliqua M. Naquet, que si on prenait des engagements, il faudrait les tenir.

— Et vous vous figurez, repris-je avec une certaine brusque-rie, que si M. Clément Laurier signe et vote pour la dissolu-tion, les électeurs du Var feront grand cas des promesses que vous leur aurez faites,

— Il y a des cas particuliers qui pourraient être embarras sants. On pourrait faire des exceptions.

— Pour éviter de faire des exceptions il faut repousser la règle. Le procédé est immoral, il n'est pas de la dignité d'un grand parti comme le nôtre d'y recourir.

La conversation roula ensuite sur d'autres objets.

Mais arrivons à des faits plus récents. Quel est le journal qui s'est constitué l'organe officiel de ce mouvement aussi impoli-tique qu'inconsidéré? C'est l'*Evènement*.

On se souvient de la part que prit cette feuille dans la lutte électorale qui eut lieu lors de la scission Labédie. A cette épo-que elle était de couleur rose tendre et la voilà sans transition, passée au cramoisi. Que signifie cette volte-face?

Ah! si elle avait changé de propriétaire, de direction, de rédaction, cela s'expliquerait: mais la rédaction est toujours la même le propriétaire-rédacteur en chef, M. Magnier, con-vaincu de bonapartisme, ainsi que cela a été prouvé en réu-nion publique à Paris, continue d'exercer la direction politi-que de ce journal.

Je ne veux pas dire par là que M. Naquet, en acceptant l'ap-pui de cette feuille, fait cause commune avec des gens soup-çonnés de bonapartisme ; seulement il est permis de constater qu'il n'est pas heureux dans le choix de ses collaborateurs. Quand on se pose en réformateur il faut au moins sauver les apparences et n'accepter comme coopérateurs que des hommes sans tache et à l'abri de tout soupçon.

Quand la conversion au radicalisme le plus outré est aussi récente il est permis de douter de la solidité des convictions.

De l'ensemble des faits que je viens de relater il résulte clairement pour moi :

1° Que M. Naquet n'a pas entrepris sa campagne en vue de l'affirmation d'un principe ;

2° Que les termes dont il s'est servi comme d'appeau INTRANSIGRANCE et ensuite GROUPE PROPULSEUR ne sont qu'une chicane de mots ;

3° Que si sa politique avait rencontré quelque crédit dans l'opinion elle aurait eu pour conséquence le germe du plus pernicieux ferment de troubles, de désarroi et de division que le parti républicain ait jamais vu naître dans son sein.

Eh! qu'ai-je besoin de m'étendre plus longuement sur ce sujet? est-ce que lui même ne confirme par la sévérité du jugement que je viens de porter ?

Dans une lettre qu'il a rendue publique, il déclare à ses électeurs marseillais qu'il se considère comme leur représentant et que maintenant que le principe est posé il le défendra à la tribune; d'un autre côté, il déclare aux électeurs d'Apt qui avaient voté pour M. Taxil Delord au premier tour de scrutin, qu'il leur démontrera qu'ils n'ont pas mal placé leur confiance. Cette manière de se tirer d'affaire, rappelle involontairement à l'esprit le mot d'une célèbre courtisane:

Ah! le bon billet qu'a La Châtre.

Dans cette lettre il se flattait que 1950 électeurs de la 1re circonscription de Marseille ont adhéré à sa politique; il y a ici erreur de compte. Pourrait-il dire combien de citoyens ayant voté pour lui ne l'ont fait que par esprit de discipline et parce qu'il était patronné par le comité central?

Pour que M. Naquet pût attribuer à la seule influence de son système les voix qu'il a obtenues, il aurait fallu que le Comité central se montrât neutre.

En d'autres termes, comme on se trouvait en présence d'une situation exceptionnelle, il y avait lieu, ce me semble, pour les membres de ce Comité, de faire une déclaration dans ce sens :

« Deux candidats appartenant au parti républicain, veulent
« chacun de leur côté soumettre à l'appréciation des électeurs
« de la première circonscription un système politique différent.
« Dans un cas pareil les délégués des sections n'osent prendre
« sur eux de résoudre par anticipation, une question aussi
« délicate et qui semble échapper à leur compétence: ils invi-
« tent par conséquent les deux candidats à exposer eux-mêmes
« leurs doctrines, et s'en réfèrent au suffrage universel du soin
« de décider quelle est celle des deux politiques qui a ses sym-
« pathies. »

Si la question eût été posée ainsi devant les électeurs, M. Naquet aurait le droit de s'arroger un nombre d'adhérents égal à celui des suffrages obtenus par lui, tandis qu'il est permis de prétendre que la plus grande partie est acquise à l'institution du Comité central.

C'est pourquoi j'établis une distinction entre tous ceux qui ont soutenu, appuyé et patronné sa candidature. S'il y en a parmi eux qui ont voulu se servir du Comité central comme d'une machine de guerre pour imposer leurs caprices, il y en a d'autres, et c'est le plus grand nombre, même parmi ceux qui étaient le plus en vue, qui ont cru se prononcer pour la plus haute conception du radicalisme. Ils se sont laissé éblouir par un mirage trompeur.

Si les premiers sont incorrigibles, parce qu'ils sont guidés par autre chose que par des principes, les autres entendent facilement raison et ne demandent qu'à être éclairés.

Pendant la période de formation des comités, j'ai eu de graves inquiétudes; prévoyant les déchirements qui se préparaient, j'étais peu rassuré sur la solution définitive. De quelque côté que la balance penchât je voyais un écueil, j'étais réellement perplexe.

D'un côté, me disais-je, si les adversaires du Comité central s'aperçoivent de la faute commise par celui de la première circonscription, qui semble ne s'être formé que pour faire échec à M. Gambetta, ils profiteront de l'occasion pour porter un coup mortel à l'institution.

D'un autre côté si, contre toute prévision, par la seule influence du Comité central et, bien qu'en cette occasion il ne soit pas l'expression de la majorité des électeurs, la victoire penche de son côté, le vote de Marseille a comme signification la condamnation de la politique qui nous a dotés de la République définitive.

Le dilemme était désespérant : ou vote en faveur d'une politique équivoque, ou amoindrissement de l'autorité si nécessaire d'un Comité central.

Une circonstance toute particulière venait inopinément ajouter de nouvelles difficultés. L'incarcération des condamnés du dernier Comité central, en apportant un nouvel élément à l'irritation des esprits, pouvait rallier des adhérents à son congénère de la première circonscription.

Quel a été le but de l'autorité en précipitant l'exécution de l'arrêt de la Cour d'Aix? A-t-elle eu l'espoir d'obtenir un vote extravagant? Tout le fait présumer.

Toutefois, il est consolant de pouvoir relater une fois de plus que les tracasseries ne produisent pas l'effet qu'on en attend.

Maintenant que les faits sont accomplis, il est permis de juger plus sainement la situation. Les craintes qui m'avaient obsédé, non sans motifs, avant l'épreuve décisive qui devait avoir lieu le 20 février, se dissipent et font place à un sentiment de confiance dans l'avenir. L'autorité du Comité central n'a pas été atteinte par l'élection du 20 février, puisque le Comité qui a patronné la candidature de M. Gambetta s'est réclamé du titre de Comité central et a soigneusement évité d'admettre dans son sein des adversaires de cette institution. Sans rechercher si dans sa formation il s'est plus ou moins conformé aux traditions et à l'usage, je me borne à constater que l'événement lui a donné raison, et que par conséquent c'est lui qui semble avoir été le vrai Comité central, puisqu'il était l'expression de la grande majorité des électeurs.

Plus que jamais le fonctionnement de cette institution est nécessaire pendant les périodes électorales. Dans un avenir prochain des journaux peuvent se fonder ; or, sans vouloir élever par anticipation des suspicions contre des organes qui ne sont pas créés, il est bon que l'opinion publique reste maîtresse de ses manifestations et qu'elle serve, pour ainsi dire, de régulateur aux écrivains qui se dévouent à la défense de ses intérêts. Mais pour que ses aspirations et ses volontés soient à l'abri de toute contestation, il est indispensable que les réunions provoquées en vue de la formation des comités soient nombreuses, que les mandats confiés aux délégués soient nettement définis et qu'il soit hors de doute que les décisions prises sont l'expression de la pensée générale.

Je suis intimement convaincu que cette première circonscription qui a menacé un moment de rompre l'harmonie générale va donner, à la prochaine épreuve, un témoignage éclatant de l'esprit de concorde et d'union qui doit régner dans notre parti. La division en deux camps qui s'était passagèrement formée était le produit d'une équivoque. De part et d'autre on était de bonne foi. Dans cette situation les zizanies et les malentendus ne sauraient être durables et à la première occasion il n'en restera pas de trace.

Tous les républicains de ce canton se souviendront que nous avons tous un but commun, qui est le raffermissement de la République, et que pour notre département l'institution du Comité central est le palladium de l'indépendance électorale.

PHYSIOLOGIE DU CANDIDAT

Les considérations que j'ai développées pour la première circonscription peuvent s'appliquer aux autres ; dès lors, je ne crois pas qu'il soit utile de pousser mon examen critique sur chacune d'elles en particulier. D'ailleurs, là était le point culminant de la question, et il est à remarquer que dans les trois autres circonscriptions elle n'a été agitée que dans les comités centraux sans arriver jusqu'aux électeurs.

Je terminerai donc cette esquisse par quelques mots rapides sur la valeur des candidatures qui ont surgi pendant cette période. Le lecteur saura apprécier jusqu'à quel point la politique qu'on voulait faire prévaloir a été propagée, et quelle part y ont prise ceux qui voulaient en bénéficier.

M. Naquet

Voulait ériger à la hauteur d'un principe ses rancunes particulières ; les électeurs du premier Collége électoral de Marseille ont donné la réponse.

La turbulence de sa politique est percée à jour ; comme la montagne en travail, il met en mouvement de grandes causes pour produire de petits effets.

M. Gambetta

Les actes de ce tribun sont connus de tout le monde.

Il peut y avoir des points sur lesquels il ne soit pas en conformité exacte de vues avec un grand nombre d'électeurs dont il briguait les suffrages ; mais, en somme, il représente cette politique large, nationale, qui a fait beaucoup d'adhérents à la République et qu'il a définie lui-même : politique des résultats.

Il était maladroit de vouloir lui barrer le chemin quand il venait demander aux électeurs qui, les premiers, lui avaient ouvert les portes de la vie publique, s'il avait accompli son mandat conformément à leur vœu.

Comme je l'ai dit plus haut, il y avait ici un cas exceptionnel qui imposait à un comité la neutralité. Deux politiques et non deux hommes se trouvaient en présence, le Comité devait tout simplement soumettre la question aux électeurs.

M. Rech

A débuté dans la vie politique par les honneurs.

Inconnu jusqu'au moment où il fut nommé conseiller municipal, on trouve généralement qu'il se hâte trop pour parvenir au premier rang.

Sa visite de cérémonie à l'évêque à l'occasion du jour de l'an fait tache à sa courte carrière politique.

La rumeur publique lui attribue aussi une attitude indécise et peu nette lors de la formation du bureau au conseil d'arrondissement.

En somme, stage insuffisant dans la démocratie militante, candidature prématurée. Tel est le sentiment public.

4me CIRCONSCRIPTION

Dans cette circonscription le fait le plus insolite, le plus grave, le plus indigne, le plus odieux a été sur le point de se perpétuer. Peu s'en est fallu qu'une affaire de chantage ne vint se mêler à la fixation du choix d'un candidat. Heureusement que la démocratie militante de cette circonscription, dont l'intelligence politique est bien connue, a eu l'éveil et a su faire justice de la manœuvre

Je n'en parle ici que pour indiquer combien il faut toujours se tenir en garde contre les intrigues souterraines qui se nouent à l'insu de tout le monde et dont il est bien difficile parfois de saisir les fils.

M. Bouchet

Député sortant. A fidèlement rempli le mandat qui lui avait été confié.

C'était son seul titre, mais il a été trouvé suffisant pour le recommander de nouveau aux électeurs.

Quoiqu'il ne se fût pas prononcé catégoriquement dans le dualisme politique soulevé par la question Naquet et qu'il eût, comme on dit vulgairement, ménagé la chèvre et le chou, si la politique intransigeante avait prévalu il aurait été évincé.

Son attitude dans la dernière législature lui a valu le renouvellement du mandat législatif.

M. Baragnon

Se persuade trop facilement qu'on oublie vite. Son passé est bien scabreux pour prétendre à la députation.

La *Gazette du Midi* s'est chargée, à diverses reprises, de lui rafraichir la mémoire.

Ce n'est pas parce que ce journal dirige des attaques contre lui que la démocratie lui   eur, c'est parce que les faits relevés à sa charge   t   contestés et que ses réponses entortillées ne le   enten

M. Monnier

Candidat inconnu ; les électeurs l'ont bien prouvé.

3ᵉ CIRCONSCRIPTION

M. Rouvier

A conquis sa candidature à la force du poignet.

A eu à se défendre contre des calomnies et des diffamations propagées sur son compte. Ses explications ont satisfait ses auditeurs, et lui ont valu la confiance des délégués réunis au comité central. •

En résumé, comme Bouchet, son seul et unique titre était sa conduite correcte à la dernière Assemblée.

M. Bouquet

Quelques personnes mettent au nombre de ses qualités politiques son humeur quinteuse.

On n'a jamais su pourquoi il avait refusé la candidature dans la deuxième circonscription d'Aix. Il ne voulait pas être député rural, aurait-il dit. Cela n'est pas sérieux. On croit plus généralement qu'il voulait favoriser l'élection de M. Labadié et qu'il comptait faire échouer celle de M. Rouvier.

Il a été pendant quelques jours président du Comité central lors des élections municipales. Il donna sa démission avant la fin des travaux. N'ayant pas fait connaître les motifs, on suppose que c'est parce que la majorité faisait peu de cas de ses préférences personnelles

Quelques citoyens gardent le souvenir aussi du dédain avec lequel il renvoya une liste de souscription qui lui avait été confiée lors de l'élection partielle de deux conseillers généraux.

En résumé, candidature plus bourgeoise qu'on ne croit, moins radicale qu'on ne pense.

M. Gilly (la Palud)

Ici, il y aurait ample moisson pour la critique, mais ce personnage est assez connu pour que je n'abuse pas de l'abondance de la matière.

Je serai aussi bref que possible.

Je n'irai pas fouiller dans sa vie privée une foule de détails qui seraient pourtant très-instructifs et qui remontent à une époque antérieure au 4 septembre.

Sa vie publique suffit pour le faire juger à sa valeur réelle.

Comme journaliste il a donné l'exemple de la plus étonnante mobilité. Sa polémique prend toutes les couleurs et toutes les formes.

A l'affût des événements il paraît n'avoir qu'une préoccupation : exalter l'opinion dominante du jour ; mais, comme cette façon de résoudre les questions le met en perpétuelle contradiction, il se trouve condamné à raccorder sans cesse les idées disparates qui se dégagent de ses articles pour leur donner les apparences d'une sorte d'esprit de suite, vrai travail de sisyphe duquel il se tire du reste avec habileté.

Son style larmoyant et *jérémiaque* ferait douter du sexe auquel il appartient, si ses articles n'étaient signés d'un nom masculin, agrémenté d'un péjoratif qui donne un petit air de noblesse à sa prose biblique.

Il a parfois de l'élan et, s'il se tient « dans un certain vague simulant la profondeur », par intervalles son éloquence épileptique peut trouver des admirateurs, surtout chez les femmes.

Les gens peu clairvoyants peuvent se laisser prendre à cette phraséologie creuse, visant à l'effet, s'adressant plutôt aux sens et aux passions qu'à la raison ; mais les esprits sérieux ne trouvent là qu'un plaisant patelinage et une nouvelle preuve de la versatilité de ceux qui écrivent en vue de leur intérêt personnel plus que pour la défense d'un principe.

Il y aurait de piquantes remarques à faire sur les éloges dont il se gratifiait lui-même dans son propre journal. Cela nous mènerait trop loin.

On a beaucoup parlé d'une lettre écrite par lui, pendant son séjour à la prison Saint-Pierre, à un curé des Alpes ; ne l'ayant pas eue sous les yeux je ne m'y arrêterai pas, bien qu'on m'en ait indiqué le sens.

Personne ne sait, mieux que lui, tirer profit de toutes les occasions pour acquérir une popularité qui s'obstine à le fuir constamment.

Un fait entre mille : A sa sortie de prison (il avait été condamné à deux mois pour un article de son journal) il alla promener par tout le département des lunettes bleues ou vertes, derrière lesquelles il dissimulait une ophthalmie contractée « sur la paille humide des cachots. » Il se plaignait de douleurs rhumatismales et du dépérissement de sa santé par suite de la mauvaise nourriture. Il négligeait de dire qu'un restaurateur de la ville lui faisait parvenir tous les jours ses repas. On est bien tenté de croire aussi que les lunettes remplissaient ici le rôle de la béquille de Sixte-Quint.

Dans cette dernière campagne électorale, croyant que le vent tournerait à l'intransigeance, il s'est montré le champion le plus zélé de ce mouvement. Devenu, en quelque sorte, le généralissime des forces électorales qui soutenaient cette cause, il a dû croire un moment que le rêve caressé depuis longtemps allait enfin se réaliser pour lui. Hélas ! triste déception des choses humaines, le sort en a décidé autrement.

Sa candidature avait un double aspect et faisait double jeu. Suivant le cas sa retraite se serait opérée en faveur d'un autre candidat en opposition à M. Rouvier. La combinaison n'a pas réussi, tant il est vrai que le bon sens public, pour peu qu'il les soupçonne, sait déjouer toutes les manigances.

Il est capable de tout, même d'une bonne action, pourvu qu'il entrevoie la perspective d'un bénéfice pour son intérêt personnel.

En résumé, candidat versatile, intrigailleur et hâbleur, à jamais inadmissible pour des électeurs marseillais.

2ᵐᵉ CIRCONSCRIPTION

M. Raspail

Son nom, à lui seul, vaut tout un programme.

Le lecteur me saura gré de n'en pas dire davantage. Il y a des réputations qui sont au-dessus d'un éloge, quelque bien tourné qu'il soit.

M. Dupont

A donné l'exemple de la vraie discipline en se refusant à poser lui-même sa candidature. Il a tout simplement déclaré qu'il se tenait à la disposition des Comités dans le cas où son nom surgirait.

Il a acquis bien des sympathies, mais son attitude politique en 1860 ne laisse pas de lui susciter quelques animosités.

Cependant, comme notre parti est un parti ouvert, et que depuis il a montré beaucoup de bonne volonté, le suffrage universel a, en quelque sorte, passé l'éponge sur ce souvenir en faisant de lui un conseiller général.

M. Amat

A rompu toute discipline avec le Comité central et n'a pas su, par une retraite honorable au deuxième tour de scrutin, se ménager des chances pour l'avenir.

Il a agi, en cette circonstance, comme un homme qui se jette volontairement à la mer.

M. Brochier

Devait représenter l'intransigeance dans la deuxième circonscription. L'appui de M. Naquet a été impuissant à le faire admettre comme candidat dans plus d'une section.

A chaque fois que son nom est mis en avant on exhume une ode dont il est l'auteur et qui est comme un boulet rivé à son pied.

Il y a peut-être quelque injustice à ne rappeler que ce fait qui est à sa charge, sans parler des services qu'il a rendus depuis à la cause. S'il a été pendant 24 heures bonapartiste, il y a une quinzaine d'années qu'il combat dans nos rangs. On doit en tenir compte.

Il serait peut-être plus rationnel de lui reprocher la note forcée qu'il donne en certaines occasions, pour arriver plus promptement au but qu'il veut atteindre.

Il est évident qu'il n'avait embrassé la cause de l'intransigeance que comme moyen de parvenir; pour qui le connaît bien son radicalisme est plus timide que cela.

M. Padoa

Ses convictions marchent de pair avec son ambition. Tant que celle-ci ne s'était pas réveillée il rejetait celles-là comme trop gênantes.

Profond sceptique en politique il ne croit qu'aux choses positives, aussi ne veut-il pas s'attarder à gagner ses galons par des services vulgaires, il veut d'un seul bond atteindre au premier rang.

Il est convaincu qu'avec de l'aplomb et de la fortune on manie un comité central comme on veut.

Je l'ai entendu discourir dans une réunion. Pour donner des gages à l'intransigeance et faire croire à un radicalisme des plus fortement nuancés, il traita presque Gambetta de réactionnaire et donna clairement à entendre qu'il fallait à l'Assemblée des hommes tels que lui pour surveiller le chef des gauches.

C'était inouï d'outrecuidance.

Comme Alceste, dans le *Misanthrope*, je répétais en moi-même :

> *Et je ne hais rien tant que les contorsions*
> *De tous ces grands faiseurs de protestations.*

Je crains bien pour lui que la fixité de ses convictions naissantes ne soit longtemps un problème pour le corps électoral.

Ma candidature

Eh ! qu'on ne se récrie pas parce que je vais parler de moi. Il y a tant de gens qui font étalage de qualités qu'ils n'ont pas ou de titres frelatés, qu'il est bien permis de dire un mot des services réels rendus à la cause.

D'ailleurs, je déclare que s'il ne s'agissait ici que de discuter ma valeur personnelle, je me garderais bien d'entretenir les lecteurs à mon sujet ; mais il y a autre chose que ma chétive personne sous la candidature que j'aligne à la suite des autres.

Dans tous les cas, je serai sobre et réservé en tout ce qui me touchera exclusivement.

M. Padoa, interrogé par quelqu'un, s'il avait réellement l'intention de poser sa candidature dans la 2e circonscription, répondit : « Oui et non. Il est évident que s'il n'y a que des

« candidats comme Dupont, Brochier ou Tardif, ces noms ne
« me paraissant pas sérieux, je tenterai la fortune du scrutin. »

Eh ! bien, n'en déplaise à M. Padoa et malgré sa parole dé-
daigneuse ces noms présentaient plus de garanties que le sien
et, au point de vue de l'opinion, étaient plus recommandables.

En ce qui me concerne, j'ai la vanité de croire que mes titres
peuvent soutenir la comparaison avec ceux qu'il pourrait produire.

Pour qu'une candidature soit sérieuse, il faut qu'elle ait une
signification réelle, ostensible ; de plus, il faut étayer l'idée
qu'elle représente sur des états de service indiscutables.

C'est à ce double point de vue que je vais examiner mon
cas. Je demande pardon au lecteur si, dans ce qui va suivre, je
parle de moi comme s'il s'agissait d'une autre personne. Ce n'est
pas ma faute si les circonstances m'ont fait remplir un rôle que
je n'ai pas recherché et ont fait de moi presque un personnage.

Je ne crains pas de dire hautement que, sauf la candidature
de M. Gambetta, aucune de celles qui se sont produites n'avait
une signification aussi caractéristique que la mienne. Je n'en
excepte pas celles des députés Bouchet et Rouvier, qui
n'avaient pour eux, comme je l'ai déjà dit, que la constatation
du mandat fidèlement rempli.

Si le nom de M. Gambetta, aux yeux des électeurs, signifiait :
Politique nationale, politique des résultats, au point de vue
local, voici qu'elle eût été la signification de ma candidature :

Avènement du prolétariat aux affaires publiques, autrement
dit candidature pour la défense des intérêts du plus grand
nombre ;

Revendication des franchises municipales, si violemment
méconnues dans notre ville ;

Protestation en faveur de la liberté électorale, en d'autres
termes : affaire du Comité central soumise au verdict du suffrage universel ;

Protestation en faveur de la liberté individuelle, méconnue
en ma personne par le régime d'exception auquel nous sommes
soumis depuis cinq ans ;

Protestation en faveur de la liberté de la presse, etc.

Quant à mes titres, ils se résument en une vie entière consa-
crée à la défense des principes républicains. Cependant, comme
cela pourrait paraître vague, je citerai quelques-uns des traits
auxquels on pourra reconnaître la fermeté et la résolution
d'un homme décidé à ne point s'écarter des principes.

C'est à partir de 1863 que je fus mêlé d'une façon plus active
à toutes les manifestations de la démocratie.

Je fis parti d'une pléiade qui prit à tâche d'affranchir le parti
républicain de la tutelle de la fusion. Etant le nombre et par
conséquent la force, nous n'admettons pas que ce fût le parti
légitimiste qui, sous prétexte d'alliance imposât ses volontés à
notre parti.

On sait si le groupe qui était petit est devenu grand et si
l'idée a fait du chemin.

En 1868 lors de la fondation de la Ligue de l'Enseignement, les sommités du parti libéral — on l'appellerait aujourd'hui parti des classes dirigeantes — tentèrent, par une manœuvre déloyale, de s'emparer de la direction de cette institution pour s'en faire une armée électorale. Prévenu quelques heures avant la séance où ce projet devait être mis à exécution, je résolus de faire mon possible pour faire échouer la tentative.

Devant une assemblée de 7 ou 800 adhérents qui eut lieu à la salle des Arts, je me présentai à la tribune et donnai lecture d'une protestation qui fut approuvée par l'immense majorité des assistants. La ligue phocéenne conserva son caractère et les « classes dirigeantes » fondèrent une autre ligue.

En 1870, après le 4 septembre, j'ai été appelé à remplir des fonctions publiques et je puis dire que j'ai été peut-être un des rares fonctionnaires qui aient été appelés à un poste sans l'avoir demandé. Ma nomination de sous-préfet surtout est restée longtemps pour moi un problème, je ne savais à qui je devais cette faveur. Ce n'est que par les dépêches publiées il y a quelque temps par la *Gazette du Midi,* que j'ai appris que c'était sur la demande de M. Gent. Bien que tard je lui en témoigne ici toute ma reconnaissance.

Mon passage aux affaires n'a pas offert de prise aux investigations de l'ordre moral. C'est cette certitude qui me permit d'adresser une lettre, — qu'on qualifiait de fière à cette époque — aux membres enquêteurs de l'Assemblée nationale, dont les termes contrasteraient avec certaines dépositions.

Quelques temps après avoir quitté mes fonctions, je fus persécuté par l'état de siége et finalement sequestré un certain laps de temps au fort Saint-Nicolas. Certaines circonstances de mon arrestation et quelques négligences dans la procédure me parurent de nature à être attaquées en justice. Je fis un procès qui reste au moins comme protestation contre la violation de la liberté individuelle.

Cette époque a été peut-être la plus critique de ma vie.

Tandis que j'avais à lutter contre une puissance aussi redoutable, que j'avais à soutenir une polémique pénible mais nécessaire contre les ennemis de l'institution du Comité central, on lâchait après moi les zoïles les plus venimeux et l'on tâchait de me déshonorer par toutes sortes de calomnies.

Fort de mon honnêteté je fis face à tous ces orages, mais, si je suis sorti sain et sauf de toutes ces épreuves, on ne se rendra jamais compte des angoisses qu'endure un homme de cœur à qui les ressources manquent pour faire éclater aux yeux de tous l'injustice dont il est victime.

Quant aux fonctions électives dont j'ai été investi, voici en quelles circonstances. En 1871, lors des élections au Conseil général j'avais refusé la candidature qui m'était offerte par les délégués du 4e canton et je me proposai comme candidat pour le 6e. Les délégués de la Belle-de-Mai m'en firent le reproche et voulurent quand même me porter plus tard pour le Conseil municipal. Malgré mes refus réitérés ils persistèrent et y mirent tant d'insistance que, de guerre lasse, je finis par accepter.

Je consentis à mettre trois ans de misère au service de la démocratie pour démontrer qu'un représentant du prolétariat était apte au maniement des affaires publiques.

Pauvreté oblige ! me suis-je dit au début, et j'ai voulu donner l'exemple de l'exactitude et de l'assiduité.

Quant à mes travaux ce n'est pas à moi à les juger. On a pu remarquer ma préoccupation constante qui était de sauvegarder les intérêts de mes mandants.

A notre première session ordinaire, je proposai au vote du Conseil l'émission de quelques vœux, parmi lesquels s'en trouvait un relatif à l'abrogatiou de la loi de surtaxe des pavillons.

C'est sur ma proposition encore qu'un crédit fut voté pour l'envoi d'une délégation ouvrière à l'exposition universelle de Vienne. Si la délibération ne fut pas approuvée par l'autorité préfectorale ce n'est ni la faute du Conseil ni de l'auteur de la proposition.

On a daigné trouver quelques-uns de mes rapports assez bien conçus au point de vue de la recherche des droits de la ville. Sur une question entre autres, ce n'est que sur ma persistance et sur ma ténacité que la caisse communale évita une perte de 89,000 fr. qu'on voulait lui faire supporter indûment.

Au sortir de la séance où mon rapport fut voté, l'adjoint faisant fonctions de maire me félicita et me dit que je devais être satisfait du succès que je venais d'obtenir contre le préfet, puis il ajouta en manière de réflexion : « Si c'était M. Labadié ou tout autre gros poisson au lieu de vous, demain toute la presse de France et de Navarre en parlerait. »

Par une étrange coincidence l'*Egalité* qui donnait régulièrement les comptes-rendus de nos séances fit relâche pour cette fois. La question affaire Mourchou et consorts, avait pourtant assez longtemps défrayé la presse périodique locale pour que le public fût informé de la solution définitive.

Enfin au moment où le maire et les adjoints, pris en dehors du Conseil municipal, furent installés, tous mes collègues insistèrent pour me faire occuper les fonctions de secrétaire.

En résumé, je ne crois pas avoir fait trop mauvaise figure dans le Conseil municipal, et pour la dignité de la classe ouvrière que je représentais plus particulièrement, je m'en félicite

On sait de quelle façon le Conseil fut brutalement et injurieusement suspendu et finalement dissous.

En cette circonstance j'ai fait tous mes efforts auprès de mes collègues pour qu'une affaire en commun fût engagée devant les tribunaux afin de venger l'offense faite au corps électoral en la personne de ses élus. Est-ce ma faute si je me suis trouvé seul à élever la dignité de notre mandat au-dessus de craintes chimériques?

Mon isolement et ma position sociale particulière sont causes que l'affaire n'a pas reçu encore une solution définitive.

Parlerai-je maintenant du rôle que j'ai rempli, à diverses reprises, dans les Comités centraux qui ont fonctionné depuis 1871 ?

Dans un procès récent on a fait presque de moi la personnification du Comité Central; si la définition est exagérée, dans tous les cas je ne contesterai pas que mon action ait eu quelque influence sur la marche des opérations faites par cette organisation.

J'en ai été en quelque sorte le législateur par la rédaction du règlement qui lui a servi de programme, et personne n'ignore qu'au début j'ai eu à payer énergiquement de ma personne pour la soutenir contre ses détracteurs extérieurs et certains de ses adhérents qui voulaient la faire dévier de la ligne droite.

Dans ces derniers temps, par une sorte de fatalité, j'ai été appelé deux fois à la présidence des réunions des délégués.

Je dis fatalité, parce que la première fois, sur mon refus personnel, M. Bouquet avait été nommé, et ce n'est que quand il eut laissé la place vacante par sa démission, que je consentis à recueillir l'héritage.

A ce sujet il me vient deux réflexions. On abandonne à leur infortune ceux dont le dévouement ne se lasse pas, tandis qu'on cherche à offrir toutes sortes de récompenses à ceux qui faussent compagnie aux moments décisifs.

La seconde réflexion est à mon point de vue particulier. Si j'avais accepté la candidature au Conseil Municipal je n'aurais pas été président du Comité Central. En acceptant les honneurs j'esquivais la tache ainsi que les deux mois de prison que je subis.

Je pourrais multiplier les citations de faits établissant mes titres, mais l'énumération en deviendrait fastidieuse pour le lecteur ; du reste le caractère particulier que j'assignais à ma candidature, si elle eût été posée, se trouve ce me semble, justifiée.

D'où vient, me dira-t-on, qu'elle n'a pas été proposée ?

J'avoue que je m'attendais à ce que la section de la Belle-de-Mai, en signe de satisfaction de la façon dont je l'avais représentée au Conseil municipal, présentât mon nom dans sa liste de candidats.

Il est même certain qu'il en a été question et que si je n'ai pas été maintenu sur la liste, soit en première soit en seconde ligne, ce n'est pas que les sympathies des habitants de ce quartier me fassent défaut. Cela tient à d'autres causes.

Un débris de conversation m'a révélé le motif de cette petite disgrâce. Il résulterait des quelques mots que j'ai pu saisir que M. Naquet, en compagnie de M. Fauré, aurait fait des démarches auprès d'un des citoyens influents de la Belle-de-Mai pour

faire adopter la candidature de M. Brochier. M. Ginoux fort
honoré de promener bras-dessus bras-dessous avec le chef de
l'intransigeance, promit de propager sa politique, mais il dé-
clara qu'il lui serait bien difficile de faire accepter le candidat
qui devait la représenter, par sa section.

D'autres noms furent prononcés et tout fait présumer que si
le mien l'a été, M. Naquet connaissant mon sentiment, aura dû
établir que mon radicalisme avait faibli et qu'il ne fallait pas
d'un homme qui, entre M. Gambetta et lui, se prononçait en
faveur de M. Gambetta. M. Fauré aura renchéri là de sus avec
la verve de dénigrement qu'on lui connaît, et me voilà passé,
dans l'esprit du citoyen Ginoux, qui met dans ses actes plus de
cœur que de réflexion, à l'état de républicain rétrograde.

Dans une autre section, ma candidature a été écartée à la suite
d'une insinuation perfide de M. Auguste Gautier. Je pourrais
ici user de représailles vis-à-vis de ce dernier, mais soyons géné-
reux envers ceux qui le sont si peu à notre égard.

En définitive, il n'y a pas trop sujet de se plaindre, puisqu'à la
fin on s'est arrêté sur le choix d'un des patriarches les plus vé-
nérables de la démocratie française. Il est évident qu'en présence
d'un nom comme celui de Raspail, il n'y avait plus qu'à s'incliner
avec respect et à s'effacer. Mais s'il est vrai, ainsi qu'il l'a déclaré
aux électeurs de l'arrondissement de Carpentras, que son grand
âge semble mettre un obstacle à l'accomplissement de ses devoirs
qu'impose le mandat de député, n'est-il pas à présumer qu'en
présence d'une candidature aussi nettement accentuée au point
de vue des principes et au point de vue des questions locales
que celles dont, bon gré mal gré, j'étais la personnification,
n'est-il pas à présumer, dis-je, qu'il aurait engagé lui-même
les électeurs à s'y rallier ?

M'en rapportant aux excuses contenues dans sa lettre aux
Vauclusiens, je considère son acceptation à Marseille comme un
acte de dévouement.

En fin de compte, la politique de revendications locales et
d'affirmation de principe des candidatures prolétariennes ou
ouvrières n'a pas été mise à l'ordre du jour, ni soumise au suffrage universel. Elle resta tout entière.

Quand la ville de Lyon vit sa municipalité supprimée,
Paris protesta au nom de toute la France et nomma député le
maire frappé de Lyon. A Marseille le Conseil municipal a été
frappé d'une façon injurieuse ; par voie de conséquence l'injure
s'adressait au corps électoral, il appartenait à celui-ci de
relever l'offense.

L'ordre moral a fait poursuivre quelques citoyens qui avaient
pour complice toute la démocratie du département, il eût été
peut être d'un bon exemple de porter l'affaire devant le suffrage universel.

Malheureusement il règne un esprit de prévention contre les
citoyens qu'on voit tous les jours et constamment sur la brèche,
qui paralyse tous les bons mouvements.

La candidature est en raison inverse des lois de la perspective : plus un candidat est loin plus il paraît grand.

Ainsi, supposons qu'un citoyens inconnu, dans une ville autre que Marseille, en état de siége, ait revendiqué contre le sabre ses droits, qu'il ait, au nom de la dignité du corps municipal et des électeurs, poursuivi un préfet devant les tribunaux, enfin qu'il ait eu à subir deux mois de prison pour participation à un Comité électoral, eh bien, je le demande, une population impressionnable et enthousiaste comme la nôtre, n'irait-elle pas, sans s'enquérir d'autre chose, le chercher pour lui offrir un siége à l'Assemblée?

Mais les faits s'étant passés ici, les services rendus sont trop directs, cela paraît prosaïque.

J'ignore ce que fera la première circonscription à l'épreuve électorale qui se prépare. Il est même à prévoir que la discussion ne s'engagera pas sur ce terrain, et que la lutte se circonscrira entre des compétitions de personnes. Dans tous les cas si par un de ces mouvements d'opinion qui entraînent les esprits vers une idée plus élevée, les électeurs de la première circonscription entraient dans cette voie, ils pourraient se flatter d'avoir, à un mois de distance, émis les deux voies les plus significatifs au point de vue patriotique, au point de vue du principe et au point de vue local.

POST-SCRIPTUM. — Une déplorable habitude tend à s'établir chaque fois qu'une période électorale est ouverte.

S'il y a plusieurs noms sur les rangs on transforme ces noms en épithètes par l'addition d'un péjoratif en *iste* et on se les flanque à la tête en manière de dédain. On est *Gambettiste, Naquetiste*, etc.

Cette façon de désigner les partisans de telle ou telle candidature est abusive, injuste et impropre.

On n'applique des qualificatifs semblables qu'aux disciples d'une école quelconque qui n'admettent rien en dehors de la doctrine enseignée par le MAITRE.

Mais quand il s'agit d'une élection et qu'il y a des noms en présence, on peut très-bien exprimer sa préférence sans qu'il résulte de ce fait un accord absolument complet en toutes choses avec le candidat de son choix.

L'opinion d'un citoyen, digne de ce nom, n'est jamais mesurée et nivelée sur un patron, comme sur une sorte de lit de Procuste, elle relève simplement du dictamen de sa conscience

Je puis citer mon exemple. On m'a accusé, dans ces derniers temps, d'être *Gambettiste*. Il n'y a rien que d'honorable dans cette épithète et je suis loin de vouloir cacher le sentiment d'admiration que m'inspire le chef des gauches, mais il ne faudrait cependant pas conclure de là que j'ai abdiqué mon libre arbitre et que mes idées sont subordonnées à son assentiment. Il y a, au contraire, de fortes présomptions pour croire que sur certains points. « la question sociale par exemple, » nous ne serions pas entièrement d'accord.

Etait-ce une raison pour méconnaitre les services rendus ?
Etais-je condamné au silence ou à l'abstention parce qu'il y a
un point du programme sur lequel je ne suis pas assuré de le
trouver de mon avis ?

Il faudrait donc se départir de cette manie de créer des
épithètes qui paraissent inocentes mais qui sont plus irritantes
qu'on ne suppose.

APPENDICE

Je crois être agréable au lecteur, en donnant ci-après
le Réglement destiné à servir de programme au fonctionnement du *Comité central*.

Je ferai remarquer que le dernier article, ayant été
reconnu délictueux par les tribunaux, doit être supprimé.

Du reste je ne publie cette pièce qu'à titre de docu-
ment.

RÈGLEMENT

Définitivement adopté par la Commission de Rédaction

La formation d'un *Comité central republicain* dans le département des Bouches-du-Rhône a eu pour but de faire disparaî-
tre les coteries qui, pendant certaines périodes, se disputent la
prépondérance électorale et de faire cesser les rivalités et les
compétitions qui empêchent la discipline de s'établir entre
électeurs professant les mêmes idées.

Elle a de plus pour effet d'appler tous les citoyens à prendre part aux travaux préparatoires, à s'éclairer sur la situation,
à discuter sur les principes et sur les hommes, en un mot, par
leur participation directe au choix des candidats, à leur donner
conscience de l'acte suprême qu'ils accomplissent en déposant
un bulletin dans l'urne.

Il y a donc un double avantage : Union et Entente dans le
parti républicain, et ensuite vote éclairé, conscient, raisonné,
de la part de l'électeur.

Ces résultats justifient suffisamment l'institution et démon-
trent d'une façon irréfutable son utilité.

Il ne reste, par conséquent, qu'à déterminer les règles qui
doivent la régir et les conditions dans lesquelles elle doit fonc-
tionner.

Tel est l'objet du réglement suivant soumis à l'appréciation
des électeurs :

ARTICLE PREMIER. — A l'ouverture de chaque période électorale, il est formé dans les 54 sections de la commune de Marseille et dans toutes les sections du département un comité
électoral dont le nombre de membres sera déterminé par les
assemblées en réunion privée qui les éliront.

Toutefois ce nombre ne pourra pas dépasser vingt.

ART. 2. — Chaque comité sectionnaire désignera deux délégués pour faire partie du comité cantonal qui se réunira pour le département au chef-lieu du canton, et pour les villes, dans l'une des sections comprises dans le canton. Il donnera mandat, s'il le juge opportun, à ses délégués de soutenir telle ou telle candidature.

ART. 3. - Le Comité cantonal, ainsi formé, nomme, pour siéger au comité central, autant de délégués que le canton représente de mille électeurs inscrits.

Toute fraction au-dessus de quinze cents électeurs aura droit à deux délégués.

Néanmoins, par dérogation, il sera accordé au canton Saintes-Maries un délégué, bien que le nombre d'électeurs de ce canton n'atteigne pas à ce chiffre.

Pour donner plus d'autorité aux délégués, les comités sectionnaires ou communaux se réuniront en assemblée cantonale pour la nomination dans le département, et pour la sanction à Marseille, de ces délégués.

ART. 4. — Le comité central est formé des délégués cantonaux du département. Son siège est à Marseille. Son but unique est de faire un choix définitif sur la liste des candidats proposés par les comités cantonaux et de les patronner aux élections. Ce comité n'a pas d'existence permanente. Il se constitue au début de chaque période électorale et se dissous après chaque élection.

ART. 5. Pour être admis à faire partie du Comité central, les délégués devront être munis de pouvoirs réguliers de leurs Comités respectifs.

Les procès-verbaux devront faire mention du nombre d'électeurs présents à la séance d'installation de chaque Comité sectionnaire ou communal.

ART 6. — A la première assemblée générale du Comité central, après la vérification des pouvoirs, il est procédé à la nomination d'une Commission exécutive de vingt membres prise parmi les délégués des divers cantons.

Cette Commission n'a pas d'attributions spéciales, si ce n'est de s'occuper des travaux matériels et de faire sortir à effet les décisions de l'Assemblée.

Elle nomme son bureau, composé : d'un président, d'un vice-président, d'un secrétaire, d'un vice-secrétaire, d'un trésorier et d'un vice-trésorier.

Le bureau des assemblées du Comité central sera celui de la Commission exécutive augmenté de quatre assesseurs pris : deux parmi les délégués de l'arrondissement d'Aix, et deux parmi ceux de l'arrondissement d'Arles.

Au début de chaque période électorale, le trésorier du précédent Comité central devra rendre compte au Comité de la situation financière, des recettes et dépenses des élections précédentes. Ces comptes seront approuvés par la Commission exécutive précédente.

ART. 7. — Tous les membres du Comité central, ainsi que ceux des Comités qui les ont délégués, sont de plein droit, engagés à accepter et patronner toute candidature désignée à la majorité des voix par le Comité central.

ART. 8. — Il est dressé une liste des candidats proposés par les Comités cantonaux. Elle est établie suivant l'ordre qu'indique le dépouillement des procès-verbaux, c'est-à-dire qu'on devra inscrire en première ligne le nom du candidat qui aura été présenté par le plus grand nombre de Comités et ainsi de suite

ART. 9. — La discussion des candidatures est suivie d'un vote préparatoire qui sert à éclairer l'assemblée, après quoi il est procédé à un vote définitif.

Ces deux votes sont publics et faits par appel nominal.

Le candidat qui a obtenu la majorité absolue est proclamé candidat du Comité central.

ART. 10. — Dans le cas où un candidat serait l'objet d'attaques contre sa réputation et son honorabilité dans le sein du Comité central, il sera admis et au besoin invité à fournir des explications et pourra présenter telles observations qu'il croira utile pour sa défense.

ART. 11. — Si l'un des délégués se trouvait porté comme candidat et à moins du retrait de sa candidature, il devrait donner sa démission de membre du Comité central et prévenir immédiatement son Comité pour que celui-ci eût à pourvoir à son remplacement. Si ce remplacement devenait impossible, le Comité central aviserait.

ART. 12. — Des procès-verbaux rédigés par le secrétaire, signés par lui et par le président, constatent toutes les opérations et délibérations de la Commission exécutive et du Comité central.

Les manifestes sont signés par les membres de la Commission exécutive et par un délégué de chaque canton du département.

ART. 13. — Le compte-rendu des réunions du Comité central par la voix de la presse ne sera fait et n'aura de caractère officiel que si la communication en est faite par le bureau après délibération de la Commission exécutive.

ART. 14 — Il est pourvu aux dépenses de toute nature, relatives aux élections, y compris les frais généraux et loyer du siège du Comité central, au moyen d'une somme votée par la première assemblée générale, au début de chaque période électorale et répartie immédiatement entre les divers Comités représentés, dans la proportion des frais à faire pour leur diverses circonscriptions.

ART. 15. — Au début de la période électorale, c'est-à-dire dès que le décret de convocation des électeurs est annoncé par dépêches, les membres de la Commission exécutive qui a fonctionné aux dernières élections se réunissent sur l'invitation du président, et à défaut d'un membre du bureau. Ils fixent le jour et l'heure d'une assemblée générale et préviennent les anciens délégués pour que, par leurs soins, de nouveaux Comités de section soient formés.